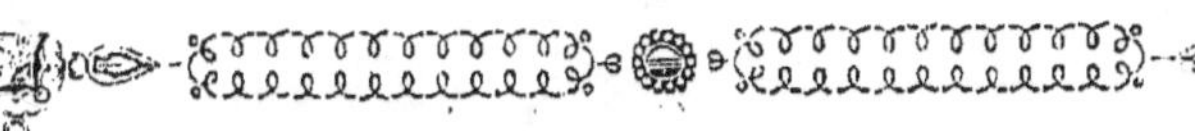

NOTICE

RELATIVE

A L'ÉTABLISSEMENT DES DAMES

DU BON-PASTEUR

Au Grand-Caire,

POUR LE

Rachat et l'éducation de jeunes Éthiopiennes

PAR

M. HENRI DE SERÉ,

Rédacteur en chef du L'UNION DE L'OUEST.

—

PRIX 75 C. AU PROFIT DE L'ŒUVRE

ANGERS,

IMP.-LIB. DE VEUVE PIGNET-CHATEAU,

Rue Saint-Gilles, 5.

—

1846.

NOTICE

RELATIVE

A L'ÉTABLISSEMENT DES DAMES

DU BON-PASTEUR

Au Grand-Caire,

POUR LE RACHAT ET L'ÉDUCATION DE

JEUNES ÉTHIOPIENNES.

ANGERS,

IMP.-LIB. DE VEUVE PIGNET-CHATEAU,

RUE SAINT-GILLES, 5.

1846

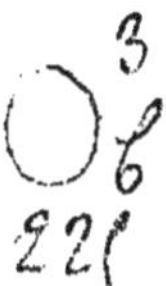

NOTICE

RELATIVE

A L'ÉTABLISSEMENT DES DAMES

DU BON-PASTEUR,

AU GRAND-CAIRE.

Il y a dix mois, tout à l'heure, que d'éloquentes paroles, descendues de la chaire chrétienne, le jour de la Pentecôte, exposaient à de pieux fidèles, dans la chapelle de la Maison-Mère du Bon-Pasteur d'Angers, les premiers éléments et les espérances encore incertaines d'une œuvre nouvelle, désignée sous le nom d'Œuvre d'Egypte, et ayant pour but le rachat de jeunes esclaves éthiopiennes.

La généreuse pensée à laquelle cette œuvre devait sa naissance était-elle le fruit d'un zèle, louable en lui-même, mais purement humain et indiscret, ou bien était-elle inspirée par l'Esprit de Dieu qui souffle où il veut, et fait sortir les plus grandes entreprises des commencements les plus faibles ?

L'événement seul, en général, résoud les questions de cette nature. Quand un dessein vient de Dieu, rien ne peut en arrêter les développements : les obstacles s'applanissent d'eux-mêmes, et des ressources inespérées, tout en conservant ce mystérieux cachet qui laisse toujours subsister le mérite de la foi en la Providence, arrivent cependant de divers côtés en assez grand nombre pour lui donner toute la certitude raisonnable que l'on peut et que l'on doit exiger dans une œuvre chrétienne.

Voilà ce que nous pouvons dire aujourd'hui de l'Œuvre d'Egypte. Il suffit d'être homme et chrétien pour comprendre la joie que nous en éprouvons. Il s'agit d'arracher de jeunes captives à la verge de maîtres impitoyables, et d'envoyer à la patrie céleste autant d'âmes qui en eussent été, selon toute apparence, éternellement bannies : quand on a acquis l'heureuse assurance des bénédictions de Dieu sur cette chère entreprise, comment ne pas s'en réjouir, comment ne pas faire remonter l'expression de sa reconnaissance vers Celui qui, dans ces jours mauvais, nous avait ménagé cette nouvelle source de joie !

Si, tournant les yeux vers l'Orient, où tant de symptômes, à l'heure qu'il est, attachent irrévocablement tous les regards de l'Europe, nous songeons que c'est là que sont déjà jetés les fondements de cette œuvre, aux applaudissements unanimes des grands et du peuple, il n'y a rien que nous n'en puissions attendre pour la régénération morale de ces contrées, si riches de souvenirs et d'espérances. Ce n'est plus, alors, seulement de la joie, c'est une noble et sainte ambition que l'on ressent à cette pensée.

Nous voulons, sans plus de retard, faire partager aux nombreux bienfaiteurs de l'Œuvre d'Egypte le double sentiment que nous venons d'exprimer, en mettant sous leurs yeux le simple exposé des faits qui le justifient. C'est une dette que nous avons à leur payer ; ce sera pour eux, nous l'espérons, une courte distraction qui ne manquera pas d'intérêt.

L'Œuvre d'Egypte a commencé, sous nos yeux, dans la maison des Dames du Bon-Pasteur de cette ville ; mais le siége en est fixé dans l'Egypte même, au Grand-Caire où le vénérable évêque de Fez, vicaire apostolique de ces contrées, monseigneur Guasco, vient d'établir dix religieuses qu'il avait demandées depuis plus d'un an.

Pour mettre nos lecteurs au courant de tout ce qui concerne cette œuvre, nous n'avons donc qu'à leur raconter ce que nous savons et d'Angers et du Grand-Caire. Ce petit travail reçoit, ainsi, sa division la plus naturelle.

Ce n'a pas été sans un dessein particulier que Dieu a permis que plusieurs petites négresses vinssent en France jouir des premiers bienfaits de la liberté, et recevoir l'éducation chrétienne qui leur réserve un bien tout autrement désirable encore. Les prémisses de cette génération qui va s'élever pour le ciel, sous les ardeurs du soleil d'Afrique, appartenaient de droit, comme récompense, au royaume d'où est sortie la propagation de la foi ; elles lui ont été données comme un encouragement à poursuivre cette œuvre admirable sous une autre forme et avec un attrait nouveau

Les petites Ethiopiennes élevées dans la maison d'Angers, les seules désormais qui doivent l'être en France, sont au nombre de sept. Quatre y avaient été amenées, en 1844 : mais l'une d'elles est morte au mois de juin dernier ; elle se nommait Camille ; le récit de sa mort édifiante est peut-être déjà tombé sous les yeux de ceux qui liront ces lignes. Quatre autres sont arrivées, il y a trois mois, encore entièrement sauvages. M. Olivieri n'avait voulu confier à personne le soin de ce précieux dépôt ; il est venu, à deux reprises différentes, dans notre ville, conduire sa petite colonie.

Nous n'oserions, en vérité, parler en détail de pauvres petites filles tirées du fond d'un désert, et que le monde ne connaîtra jamais, si nous ne savions combien la foi élève aux yeux du chrétien les conditions les plus humbles, et confond dans un même intérêt les races diverses qui couvrent le globe. D'ailleurs, tout ce qu'il y a d'humain en nous ne s'émeut-il pas, quoiqu'on en aie, au récit des vicissitudes de l'enfance et du malheur? Les nombreux bienfaiteurs de l'Œuvre d'Egypte verront dans chacune des petites filles que nous allons leur nommer, les habitudes, les souffrances et aussi le bonheur de celle à qui leur charité aura procuré, à la fois, la liberté et le ciel. Dans l'impuissance où ils sont de connaître jamais l'enfant qu'ils ont adoptée, à laquelle on inspirera pour eux sur la terre les sentiments de la piété la plus filiale, et qui, dans le ciel, les proclamera leur vrai père et leur véritable mère, oh! ils seront heureux de l'illusion qui la leur fera trouver dans l'une ou l'autre de ces sept enfants, qu'une âme pieuse a nommées les sept allégresses de Marie, et qu'assurément nous pouvons accueillir comme des messagères destinées à nous annoncer la joie qui éclate du côté de l'Orient.

Que les moins indulgents ne voient dans ces quelques lignes qu'un tableau inédit de mœurs pour eux peut-être encore inconnues, et bientôt ils nous les auront pardonnées.

Joséphine, Henriette, Zahara, Haoua, Saïda, Barekta sont les noms des sept Éthiopiennes que nous avons parmi nous.

Joséphine est âgée de 16 ans. Elle portait avant son baptême le nom d'Halima. Elle est née en Nubie. Sa mère était pauvre, mais pleine de bonté et de tendresse pour ses enfans. Halima avait des frères riches qui auraient pu secourir sa mère; loin de là, cruels qu'ils étaient, ils la privaient même du nécessaire; aussi Halima, un jour, attendrie par le sort de cette pauvre mère, se rendit au marché, et se présenta pour être vendue afin que le prix de son rachat pût la nourrir quelque temps. Cette femme désolée ne fut pas long-temps à s'apercevoir que sa chère Halima avait disparu. Elle court au lieu où se faisait la vente des jeunes esclaves, elle voit sa fille déjà enchaînée. Mon enfant est perdue! s'écrie-t-elle, je ne veux point d'argent, je ne veux plus manger; et en disant ces mots elle soulève la chaîne d'Halima, lui met au cou un collier, au bras droit trois bracelets, et s'éloigne en pleurant. Malheureuse mère! le jour même elle fut vendue, elle aussi, par ses méchants fils, et envoyée au fond de l'Arabie. Halima, accablée de douleur, demeura cinq jours sans vouloir prendre aucune nourriture; puis elle parvint à s'échapper. Ce ne fut, il est vrai, que pour arriver à une autre chaîne; mais cette fois elle fut vendue pour la France; c'est-à-dire qu'elle fut tirée d'un double esclavage et reçut la récompense de son dévouement pour sa mère. Elle a été baptisée à Gênes par M. Olivieri sous le nom de Joséphine. Elle est à Angers depuis dix-huit mois.

Henriette, autrement Saïda, est âgée de 15 ans. Elle appartenait à l'une de ces tribus nomades qui habitent la vallée située entre le Nil et la Mer-Rouge, et qui s'étend jusqu'aux frontières de la Nubie. Privée de sa mère dès sa naissance, elle ne l'a jamais connue; son père l'abandonna à l'âge de trois ans. La pauvre petite fille ainsi délaissée fut ballottée de tribu en tribu: elle les parcourut toutes. Des Arabes l'achetèrent et la mirent à garder leurs troupeaux. Vendue par eux à des noirs nommés Yalhaba, qui s'enrichissent par le trafic des jeunes négresses, elle ne resta pas longtemps entre leurs mains, et tomba au pouvoir d'un maître blanc qui du Grand-Caire vint demeurer à Alexandrie. Chez lui, elle s'occupait des soins du ménage, mais elle souffrait des fatigues que cela lui donnait ; on s'intéressa à elle et on détermina son maître à la vendre à une femme italienne, nommée Magdeleine, qui habitait Alexandrie, et que M. Olivieri avait chargée de lui acheter de jeunes esclaves négresses. Voilà par combien de vicissitudes, heureuse, sans le savoir, entre tant d'autres, la petite Henriette fut conduite jusqu'à Gênes.

Marie, que l'on nommait autrefois Faldo, est née sur les confins de la Nubie. Elle n'a jamais connu sa mère que veuve et malade. Elle avait deux sœurs plus âgées qu'elle. Elles furent toutes ensemble chassées de leur maison par des Arabes qui firent invasion dans la peuplade qu'elles habitaient ; elles se réfugièrent au sein d'une tribu noire, sur les bords du Nil, que Marie appelle l'eau blanche, sans doute pour la distinguer de la Mer-Rouge. Un jour, Faldo, âgée de trois ans, s'amusait avec une de ses sœurs devant la porte de la maison qu'elles occupaient avec leur mère. Des voleurs arabes viennent à passer et enlèvent la pauvre Faldo. Sa sœur en fut bien triste, mais que pouvait-elle pour la défendre ? leur pauvre mère, d'ailleurs, était mourante alors ! Nous

savons bien aujourd'hui que les sœurs de Faldo auraient dû envier son sort. Comment demander
compte à Dieu du partage qu'il fait ainsi dans les
familles? Pourquoi sur trois sœurs prend-il l'une
pour le ciel, et abandonne-t-il les deux autres à
toutes les misères!.. Faldo fut conduite à Sennaar,
à Dangola, villes de Nubie; puis traversa la Mer-
Rouge et fut vendue, en Arabie, à un maître arabe.
Ce brave homme, ainsi que sa femme, confon-
dait Faldo avec ses propres enfants et la traitait
de la même manière. Ceux-ci en furent jaloux ;
ils profitèrent d'une absence de leur père pour la
vendre à un autre maître arabe. Chez lui, Faldo
eut la garde d'un petit enfant en bas âge; mais
comme elle ne se trouvait pas bien dans sa nouvelle maison, elle faisait crier l'enfant afin d'être
vendue de nouveau. Son petit manége lui réussit:
Faldo fut vendue par la mère pendant un voyage
que fit son mari. Le nouveau maître de Faldo
était un marchand de chameaux ; il occupa la petite esclave à garder ses moutons. Bientôt il la
revendit lui-même aux noirs appelés Yalhaba,
ces traficants de négresses, que nous avons déjà
nommés; Faldo fut placée au milieu d'une chaîne
de jeunes esclaves que l'on reconduisait en Nubie.
On leur fit traverser la Mer-Rouge sur de peti-

tes barques, et elles arrivèrent à Sennaar, capitale de la Nubie, où elles attendirent d'autres esclaves. Il en vint un grand nombre : elles étaient belles et appartenaient aux tribus nomades dont nous avons parlé. La chaîne changea, encore une fois, de maîtres. Ces derniers la conduisirent au Caire où la main de Dieu les poussait. Faldo fut heureuse plus que les autres ; car après avoir passé sous les yeux du pacha d'Egypte comme toute la chaîne, elle fut envoyée à Alexandrie où cette excellente femme qui avait acheté Saïda, acheta aussi Faldo pour le compte de M. Olivieri ; elle fut amenée à Angers comme ses deux compagnes, et reçut au saint baptême, il y a un an, le nom de Marie,

Restent nos quatre autres petites sauvages qui ne sont ici que depuis trois mois ; elles ont témoigné une grande sensibilité au départ de M. Olivieri, leur véritable père ; la séparation a été cruelle pour lui. Zahara, Barekta, Saïda, Haoua ont subi toutes les vicissitudes d'esclavage de leurs devancières ; aussi nous ne nous y arrêterons pas en détail. Il nous suffit qu'on connaisse, par l'exemple des autres, à quel sort étaient réservées ces innocentes créatures, et à combien de misères de tout genre les bienfaiteurs de l'Œuvre d'Egypte arracheront celles qui doivent les suivre. Du reste, leur caractère, que n'a pas encore dompté la grâce baptismale, se montre à nous avec une originalité assez piquante pour mériter notre attention.

Zahara est la plus jeune ; elle n'a que sept ans, et toutefois elle a sur les autres une incroyable autorité ; elle s'en fait toujours obéir. Elle est d'une vivacité remarquable, et parle avec un entraînement qui ne permet point la résistance. Elle est née en Nubie, et l'on retrouve en elle le caractère énergique de ces Nubiennes qui, en 1812, se battirent avec avantage contre les Mamelouks. Cette petite fille éprouve un admirable instinct qui la rapproche de Dieu, nommé dans sa langue *Rabbina*. Elle s'attendrit jusqu'aux larmes en entendant ce nom divin. Elle est très volontaire ; mais à ce mot *Rabbina*, sa tête s'incline et sa tenacité disparaît. Son catéchisme, ses prières semblent faire son bonheur. La vivacité de sa foi se montre même au milieu de ses divertissements.

Un jour, elle jouait avec ses compagnes à faire de petits pains en terre pour les offrir à genoux, selon l'usage de leur pays. Tout d'un coup, elle prend de la terre dans ses mains, et, se souvenant de l'instruction donnée le jour même, elle s'ap-

proche de l'une de ses maîtresses, en lui disant :
Ma mère, *Rabbina* ! puis elle souffle sur cette terre,
et montre avec expression son cœur et son front,
siége de son intelligence. Elle indiqua clairement
son âme par ce souffle, et montra du doigt son
corps : « Moi terre noire, , dit-elle ; mère, vous
terre blanche » ; et joignant ses mains avec un
sentiment de respect : « *Rabbina*, point de terre,
s'écria-t-elle. »

Zahara est bonne et pardonne vite; mais aussi,
si on l'offense, elle est promptement sur la défen-
sive. Elle est l'antagoniste déclarée d'Haoua. Cel-
le-ci, par la délicatesse de sa complexion et de
ses sentiments, paraît appartenir à une famille
distinguée ; elle est âgée de 9 ans. C'est la plus
spirituelle créature que l'on puisse voir, très
sauvage encore, mais très fine. Elle apprend avec
la plus grande facilité prières et catéchisme, tout
ce qu'elle veut. De là, guerre déclarée avec Zahara : un jour, pendant la répétition du catéchisme, Zahara voulut répondre, mais les mots
ne lui venant pas à point nommé, Haoua la ga-
gna de vitesse et répéta la leçon ; un combat qui
aurait pu devenir terrible s'en suivit ; la maîtresse
eut toutes les peines du monde à les séparer et
à les calmer. En général, il faut deviner l'orage

avant qu'il éclate. Moins qu'un mot allume dans leurs yeux le feu de la colère. Quand leurs regards fixes et arrêtés l'une sur l'autre avertissent de l'approche du danger, il n'y a pas un moment à perdre. Les séparer, leur montrer la croix qu'elles baisent aussitôt, prononcer, mot à mot, un *ave maria* qui les calme, voilà le seul remède. Il faut veiller surtout sur celle dont le regard reste fixe au milieu d'un profond silence : le cœur, alors, est encore ulcéré, et la paix n'est pas faite. Cependant, la douceur et la distraction éteignent ce feu caché, et les eaux du baptême feront le reste.

Saïda, âgée de 9 ans, est, au contraire, d'une douceur attachante. Elle avait été entre les mains de maîtres féroces, et porte sur elle des marques de leurs cruels traitements. Elle raconte qu'ayant été volée par des Turcs elle traversa sur un éléphant les solitudes effrayantes de la Nubie, qu'elle demandait de l'eau pour boire, et qu'on ne pouvait lui en donner. Transportée en Arabie, elle y fut laissée par les Turcs qui lui firent sur les bras des marques, qui se voient encore, pour la reconnaître et la reprendre. Cette pauvre petite est d'un caractère suave et docile; elle est très propre, elle aime l'ordre et se plaît singulièrement à rendre des services; elle paraît d'une grande adresse et destinée à perfectionner l'ouvrage de main. Sa douceur lui a fait donner, dans la maison, le nom de Camille, de cette Camille dont les vertus l'embaument encore, et qui, du haut du ciel, veille, sans doute, sur ses sœurs chéries.

Barekta, âgée de 9 ans, a beaucoup pleuré dans sa courte vie. Elle a été arrachée à sa mère par un frère cruel. Sa mère était mourante. Barekta dit à ses compagnes qu'elle la voit toujours étendue dans sa *beth* (maison) sans secours et sans soins. Ce souvenir, au milieu de ses jeux, lui arrache bien des larmes. Elle en a conservé un grand fond de tristesse qui la captive et nuit à sa facilité pour apprendre. Quand on lui permet, à elle et à ses compagnes, les danses de leur pays, qu'elles mêlent de leurs chansons, Barekta rit avec les autres; mais bientôt les larmes la gagnent, et se confondent avec l'expression de la joie que cause à tout être humain le souvenir de son pays natal, quelque dur qu'il lui ait été.

En voilà assez sur nos petites négresses. Nos lecteurs choisiront le caractère que leur imagination et leur cœur voudront donner à la petite protégée qu'ils ne doivent point connaître, mais qui sera, certainement, ou vive et dominante comme Zahara, ou spirituelle et délicate comme Haoua, ou douce comme Saïda, ou sensible et mélancolique comme Barekta. Ils nous pardonneront, alors, de leur avoir mis sous les yeux le tableau fidèle de leurs souffrances et des qualités que la nature a mises en elles, en attendant que la grâce y ait surajouté ses bénédictions.

Les dix religieuses du Bon-Pasteur, que monseigneur Guasco attendait avec tant d'impatience en Egypte, se disposèrent, durant le cours de l'été dernier, à répondre aux vœux du saint pontife. Leur départ, toutefois, fut retardé par la nécessité d'aviser aux moyens de diminuer les frais énormes que devait coûter leur transport jusqu'à Alexandrie. Quelque temps, elles eurent l'espoir d'obtenir leur passage gratuit sur un vaisseau de l'état ; elles furent bientôt contraintes d'y renoncer. Mais la bienveillance du roi de Sardaigne étant complètement acquise à l'Œuvre d'Egypte, elles partirent, dans le mois d'octobre, pour Gênes où elles acquirent la certitude que Charles Albert se chargeait de les faire transporter, à ses frais, au but de leur destination. Arrivées à Gênes, elles devaient y passer peu de temps, car dès le 9 novembre une frégate sarde était prête à mettre à la voile pour Alexandrie. Le voyage de l'empereur de Russie vint néanmoins contrarier, un moment, ces intentions bienveillantes. Le roi de Sardaigne voulut le faire accompagner par toutes les frégates qui se trouvaient alors dans le port de Gênes; il fallut donc renoncer à ce moyen de transport pour l'Orient; mais, quand une offre a été sincère, quand elle a pris sa source dans l'idée bien comprise d'un service éminent réclamé par les besoins réunis de l'humanité et de la foi, on se fait un devoir de la réaliser au plus tôt. Un digne ministre du pieux roi de Sardaigne, le comte Solaro de la Marguerite, s'empressa de chercher ailleurs un vaisseau convenable pour la mission que le roi, son maître, avait à cœur de voir promptement remplir; il donna ordre au chevalier Spagnolini, consul sarde à Livourne, de s'enquérir du départ d'un navire pour Alexandrie, et de l'informer du jour auquel il serait fixé. Celui-ci, se conformant aux instructions qu'il avait reçues, arrêta l'embarquement des religieuses sur le *Diogène*, qui devait mettre à la voile le 5 décembre.

Nous n'avons rien de mieux à faire désormais qu'à laisser ces pieuses filles raconter elles-mêmes les détails de leur séjour à Gênes, de leur voyage et de leur arrivée en Egypte. Nos lecteurs diront si la correspondance qui va passer sous leurs yeux, n'est pas digne de grossir les annales si intéressantes de la propagation de la foi.

La première lettre, commencée à Alexandrie le 28 décembre, ne put être terminée qu'au Grand-Caire le 8 janvier.

Alexandrie, 28 décembre 1845.

Nous passâmes un mois entier chez nos sœurs de Gênes, où nous reçûmes, chaque jour, de nouveaux sujets d'édification de leur grande ferveur, de leur régularité et de leur charité. Nous eûmes le bonheur de renouveler nos saints vœux dans ce cher monastère, et de recevoir plusieurs fois la visite de monseigneur Gualco, vicaire-général de Gênes, qui nous dit porter le plus grand intérêt à l'œuvre d'Egypte. Ce prélat nous fit don d'une collection de livres italiens. M. le marquis Pallavicini, insigne bienfaiteur de nos sœurs, voulut aussi avoir part à cette œuvre, en nous envoyant la somme de 300 francs, pour le rachat et l'entretien des négresses. Les révérends pères Jésuites de Gênes vinrent également nous rendre visite, et nous exprimèrent leur grand désir de s'établir au Caire. Le fils du vice-roi d'Egypte, qui vient de parcourir l'Italie, visita tous les établissements de piété, et les combla de dons magnifiques. Il ne serait pas, dit-on, éloigné d'accueillir des missionnaires dans ses états.

Nous étions sur la fin de novembre, lorsque nous apprîmes que le *Diogène* ne devait plus faire voile pour Alexandrie qu'au mois de janvier; aussitôt nous commençâmes une neuvaine au glorieux saint Xavier, le choisissant pour protecteur des négresses, et, contre toute espérance, le bon chevalier Spaguolini trouva un autre vaisseau, le *Théodore*, qui devait partir le trois décembre. Il nous donna avis de nous rendre à Livourne, pour cette époque, et fut chargé, par le ministre de sa majesté le roi de Sardaigne, de payer tous les frais que nécessiteraient notre séjour dans cette ville, le transport de nos effets et notre voyage jusqu'à Alexandrie. Il accomplit ces ordres avec une grande ponctualité, et nous combla de marques de bonté et de délicatesse, jusqu'à venir chaque jour nous visiter pendant les dix jours de notre séjour à Livourne; car les tempêtes affreuses, qui s'élevèrent, au commencement de décembre, ne permirent à aucun vaisseau de partir. Le paquebot à vapeur, le *Dante*, fut obligé de s'arrêter dans le port, pendant trois jours, et un vaisseau de guerre du grand-duc de Toscane fut tellement maltraité qu'on eut peine à sauver l'équipage.

Dans ce moment de douleur, combien nous pensions à vos charités, sœurs tendrement aimées! Nous nous unissions chaque jour à vos communions et à vos oraisons ferventes. Pleins de confiance dans leur puissance près de Dieu, nos cœurs étaient affermis dans leur espérance. Monseigneur Jean Murphe, évêque de Cork, en Irlande, se trouva logé avec nous à la pension Suisse. Sa Grandeur qui connaît particulièrement nos sœurs de Londres, nous parla, avec satisfaction, du bien que fait ce cher monastère, et loua beaucoup le Seigneur pour la fondation du Grand-Caire. Ce digne prélat, qui brûle de zèle pour le salut des âmes, voulut avoir tous nos noms, un précis du but de notre saint institut et l'adresse de notre digne mère-générale. Il nous fit don de médailles bénites par notre saint-père le pape, et d'un tableau de sainte Geneviève, qui nous est on ne peut plus précieux.

A notre même pension de Livourne, se trouvait le très révérend père Di Giorni, abbé du Mont des Olives, vieillard de 85 ans, mais robuste, plein de vigueur et surtout rempli de l'esprit de Dieu, homme d'une famille illustre et extrêmement aimé de notre saint père le pape. Il fut tellement pénétré de la sublimité de notre saint institut, qu'il résolut de nous aider de tout son pouvoir. Il nous procura la connaissance d'un grand nombre de personnes distinguées, et nous fit donner beaucoup de lettres de recommandation pour l'Egypte. Son grand désir était de nous suivre dans cette chère mission, afin de consacrer le reste de sa vie à travailler à la conversion des pauvres Ethiopiennes, disant qu'il n'avait rien fait pour Dieu. Il écrivit à Rome pour demander au souverain pontife la permission de nous y rejoindre. Il tâcha d'animer le zèle de plusieurs saints ecclésiastiques, à qui le bon accueil que leur a fait Ibrahim-Pacha a donné le désir de fonder une mission en Egypte.

La civilisation de ces contrées semble préparer les voies à l'Evangile. Oh! que notre Dieu est grand et admirable dans ses œuvres!... Ce révérend père abbé ne se contenta pas de nous témoigner son intérêt d'une manière stérile. Il voulut enrichir notre chapelle d'un précieux reliquaire, et du tableau, si désiré, de la Sainte Famille, qui est de grandeur naturelle et chef-d'œuvre d'un excellent maître. L'enfant Jésus et la très Sainte-Vierge sont d'une beauté céleste; saint Joseph se tient un peu éloigné, dans une attitude d'adoration. Il nous fit aussi donner, par les révérends pères Barnabites, une écuelle de la sainte maison de Lorette. Il désira avoir le nom de toutes les villes où notre Ordre est établi et un précis du but de notre institution. Il a rédigé un article admirable à ce sujet, qu'il a fait insérer dans les gazettes de Livourne et de Gênes. En nous quittant, ce bon vieillard avait les larmes aux yeux; il nous donna sa bénédiction avec indulgence plénière, selon le pouvoir que le Souverain-Pontife lui a accordé.

Nous eûmes aussi le bonheur de recevoir la visite de Mᵍʳ l'évêque de Livourne, qui nous engagea de très bonne grâce, à rester dans sa ville. Nous indiquâmes à sa grandeur le cher Monastère-Général d'où déjà sont sorties trente-huit fondations.

Le 10 décembre, jour de la fête de Notre-Dame-de-Lorette, le temps ne nous donnait encore aucune espérance de pouvoir nous embarquer. Nous nous recommandâmes, avec une nouvelle ferveur, à notre tendre Marie, et le 11, pendant la sainte Messe, on vint nous avertir que notre vaisseau levait l'ancre. Nous nous rendîmes aussitôt à bord, mais une autre épreuve nous attendait : la tempête s'éleva plus furieuse que jamais. Les vaisseaux s'entre-choquaient jusque dans le port; on jeta promptement plusieurs ancres, et nous restâmes deux jours et deux nuits sans pouvoir partir. Nous ne voulûmes pourtant pas revenir à terre, malgré les offres réitérées de M. le consul. Enfin, le 13, la grande bourrasque étant calmée, nous fîmes voile, dès le point du jour, vers Alexandrie.

Notre divin Sauveur daigna bénir le jour de notre départ : les anges des ténèbres n'eurent plus pouvoir de nous nuire. Notre voyage fut si prompt et si heureux, que le bateau à vapeur qui passa à Livourne, le jour de notre départ, ne put nous rejoindre, et n'arriva qu'après nous à Alexandrie. Dès le second jour, nous étions devant l'île de Sicile, où notre capitaine ne voulut pas s'arrêter. Le 16 décembre, nous longeâmes l'île de Malte; il ne nous fut pas permis d'y descendre. Le 18, nous commençâmes à apercevoir la magnifique île de Candie, qui appartient aux Turcs, et où il n'y a pas une seule notion de notre sainte foi. Combien nos cœurs gémissaient à ces tristes pensées! Nous rencontrâmes, sur notre route, trois vaisseaux anglais, qui se dirigeaient vers l'Italie. Le premier souffrait beaucoup, ayant le vent tout à fait contraire : il était couché sur le côté, les voiles touchaient presque la mer.

Le 19, le plus beau des poissons, un *fanfalo*, vint se reposer sous notre vaisseau; on le fit sortir en lui montrant un mouchoir blanc. Le capitaine lui lança un trident avec tant d'adresse, qu'il le blessa et le tira à bord. Ce poisson est des plus excellents, il se nourrit de l'écume de la mer; sa couleur est d'un bleu très vif, rayé de blanc.

Les derniers jours de la navigation, le ciel était devenu serein et la mer très calme. Nous pûmes suivre notre règle et travailler comme dans un monastère, étant seules de passagères.

Le capitaine nous servait de ses propres mains ainsi que son lieutenant : ils avaient mille attentions pour nous. Nous fûmes extrêmement édifiées de voir l'exactitude de tout l'équipage à garder l'abstinence des Quatre-Temps. Chaque jour, on sonnait l'*angelus* à la cloche du vaisseau. Sous tous les rapports, nous étions infiniment mieux que dans un bateau à vapeur.

Le 24 décembre, dès le point du jour, nous aperçûmes Alexandrie : il nous serait impossible d'exprimer à vos charités quels furent à cet instant les sentiments qui remplirent nos cœurs ! L'ignorance et et l'idolâtrie, dans lesquelles est plongée une ville qui a produit tant de saints, nous causaient la plus profonde affliction. Touchées du malheur de tant d'âmes qui ne connaissent pas la divine bonté, nous adorâmes, pour elles, notre aimable Sauveur, qui, en semblable jour, fut rejeté des habitants de Bethléem. Nous nous réjouîmes, cependant, en son nom et pour son amour, du bon accueil que les Alexandrins firent à ses humbles et dévouées servantes. Les Turcs et les Arabes nous saluaient respectueusement en mettant la main sur leur front. Une décharge d'artillerie eut lieu en notre honneur au moment de notre débarquement. M. le consul sarde vint nous chercher sur le vaisseau ; il nous pria de lui adresser toutes nos lettres et nos envois pour notre maison-mère. Si vos charités veulent bien nous envoyer les journaux du noviciat et les lettres de nos bien-aimées sœurs des maisons locales, nous vous supplions de les lui adresser; voici son adresse: Monsieur le chevalier Céruti, consul-général de sa majesté le roi de Sardaigne, à Alexandrie, en Égypte. Il fut d'une bonté toute paternelle pour nous, et nous conduisit dans sa voiture au palais de Mgr Guasco, où tout était préparé pour nous recevoir. Là, nous fûmes tellement accablées de visites que la salle de réception était toujours remplie. Pendant quatre jours, nous pûmes, à grand peine, trouver un instant pour terminer cette lettre, et prendre un peu de nourriture.

8 janvier 1846. — Le jour même de notre départ, d'Alexandrie, M. le consul sarde nous obtint le passage gratuit sur le paquebot à vapeur anglais, qui fait le voyage en trente heures. Cette généreuse attention nous exempta de faire le trajet du Nil sur les barques arabes, qui mettent toujours plus de huit jours, et sont souvent submergées. M. le consul Céruti nous combla, jusqu'au dernier moment, de bienfaits. Lorsque nous sortîmes, il voulut toujours qu'un Turc armé nous accompagnât, afin qu'il n'arrivât rien de fâcheux. Nous pûmes, pendant notre voyage, admirer les merveilles du Tout-Puissant. Les campagnes sur les bords du Nil étaient couvertes d'abondantes moissons, prêtes à monter en épi. Le secrétaire de Mgr Guasco, qui nous accompagnait, nous fit descendre sur cette terre habitée par tant de saints solitaires, dont on voit encore au loin les grottes et les rochers. La terre était jonchée de fleurs et la chaleur, celle d'une belle journée du mois de mai. Les Arabes sortaient en foule de leurs habitations pour nous voir. L'un des princi-

paux, nous abordant, nous dit en italien : « Tu es médecin, veux-tu guérir ma fille qui a mal aux yeux depuis deux mois? » Combien nous regrettâmes de n'avoir pas avec nous l'eau précieuse que l'on nous avait indiquée à Angers ! Nous en voyons d'autant plus la nécessité que plus du tiers de la population est aveugle des suites de l'ophtalmie, et que nous-mêmes sommes exposées chaque jour à en être atteintes. Vers l'heure du dîner, plusieurs chefs de familles arabes vinrent jeter, sur les bords du fleuve, un petit filet qu'ils retirèrent aussitôt chargé de poissons. Dès le point du jour du lundi, dans l'octave de Noël, nous aperçûmes le Caire et les hautes tours des antiques mosquées, au nombre de plus de 380 dans cette seule ville : mais la plupart tombent en ruines et le gouvernement ne se met pas en peine de les réparer. Nous envoyâmes notre lettre de recommandation, de la part de son excellence le comte de la Marguerite, à M. le chevalier Vernani, consul de Sardaigne au Caire, qui vint de suite nous chercher dans sa voiture, pour nous conduire à Mᵍʳ notre évêque. Sa Grandeur nous avait fait dire qu'elle nous attendait dans l'église des Pères de Terre-Sainte. Nous traversâmes Boulac, qui est séparé du Caire par le camp des soldats arabes, lesquels demeurent sous des tentes. Le reste du chemin, qui est d'un quart d'heure, est bordé d'orangers, de palmiers d'une hauteur prodigieuse et d'autres arbres d'une grande beauté. A l'arrivée du Caire, l'on nous fit descendre de voiture et entrer dans une espèce de corridor fort obscur. Nous fûmes fort étonnées lorsque le M. consul nous dit que c'étaient les rues de la ville. Nous en trouvâmes un grand nombre, toutes plus étroites et plus obscures les unes que les autres. Le janissaire de M. le consul criait de toutes ses forces pour que l'on nous fît place. Après un quart d'heure de marche, nous arrivâmes à l'église des révérends Pères de Terre-Sainte, où un peuple nombreux, averti de notre arrivée, nous attendait. A notre entrée, l'on chanta sur l'orgue les versets 16 et 17 du Psaume 44 : *Adducentur regi virgines, etc.* « On amènera au roi des vierges qui » qui le suivront : ses plus proches compagnes vous » seront présentées. On vous les amènera avec joie » et allégresse; on les fera entrer dans le temple du » Roi. » Puis, on entonna le *Te Deum*, que mille voix répétèrent. Nos cœurs, plus que tous les autres, avaient besoin de remercier notre tendre Père, notre Créateur et Seigneur, pour tant de bienfaits dont sa bonté ne cesse de nous combler. Mgr notre prélat nous reçut ensuite à la sacristie, revêtu de ses habits pontificaux. Sa Grandeur nous dit que ses désirs étaient enfin accomplis, nous demanda des nouvelles de notre digne Mère-Générale et resta dans l'admiration de tout ce que nous lui dîmes de notre chère Maison-Mère et du nombreux Noviciat. Elle nous annonça que la Propagande de Rome protége notre établissement et nous assure un don. Sa Grandeur nous promit de nous faire observer nos saintes règles dans toute leur intégrité et leur étendue, et nous assigna pour aumônier et confesseur ordinaire, le père Albertini de Pecelo, son ancien secrétaire, lequel possède parfaitement les langues arabe, italienne et française, et pour confesseur extraordinaire, le père président du couvent de Terre-Sainte.

Avant de nous conduire dans la maison qui nous était destinée, l'on chanta avec grande dévotion le *Veni creator*, et vers neuf heures du matin nous sortîmes de l'église pour nous rendre à notre cher monastère. Là, nous fûmes témoins des nouveaux bienfaits du saint prélat, qui avait déjà pourvu la maison des meubles les plus nécessaires, de divans, de matelas, de tables, etc. Pendant les premières semaines Monseigneur nous nourrira à ses frais; chaque jour nous recevons sa visite, et des marques nouvelles de son dévouement et de son affection paternelle. Toujours nous parlons de vos charités, sœurs bien-aimées, de votre grand zèle pour la gloire du Seigneur et pour le salut des âmes rachetées de son précieux sang. Aussi Monseigneur nous a prédit que bientôt toutes les portes de l'Orient nous seront ouvertes.

Le Vice-Roi d'Egypte et tous les habitants nous montrent plus que de la bienveillance. Les visites des ministres, des consuls, et surtout des principaux Arabes, occupent toute notre journée. Leurs femmes nous ont prises en telle affection qu'elles viennent jusqu'à deux fois le jour; quelques-unes sont néophytes. Il y a un bien immense à faire, que nous espérons obtenir lorsque nous aurons établi une congrégation en l'honneur de la Très-Sainte Vierge. Déjà, nous avons une petite esclave de 7 ans, elle commence à comprendre l'italien, et nous aide beaucoup à apprendre l'arabe. Deux autres esclaves abyssiniennes viennent de se jeter à nos pieds pour demander leur réception. Dans ce moment, nous signons l'achat de notre belle maison. Le prix est de 50,000 fr. Elle appartenait au ministre du Vice-Roi, et a trente-deux appartements très bien distribués. Nous l'habiterons de suite et nous pourrons bientôt avoir 200 négresses.

La veille de l'Epiphanie, nous allâmes visiter la maison que la sainte famille habita pendant son séjour en Egypte. Les trois pauvres chambres qui lui servaient de demeure sont converties en chapelles. Monseigneur qui nous accompagnait célébra la sainte messe, pendant laquelle nous chantâmes l'*Adeste fideles*, et l'*O salutaris*; nous eûmes le bonheur d'y faire la sainte communion. Nous eussions désiré vivre et mourir dans ce sanctuaire. Nous le quittâmes après avoir couvert ses murs de respectueux baisers, et recueilli tout ce que nous pûmes de leur poussière.

D. N. M. du Caire, 17 janvier, 1846.

A notre Mère-Générale,

Quoique nous ayions écrit de longues lettres à votre charité et à nos sœurs d'Angers, nous n'avons encore rien dit en comparaison des grandes choses que le Seigneur opère en faveur de votre chère Œuvre d'Egypte : aussi, ma très digne Mère, les sujets que vous daignerez envoyer arriveront toujours trop tard pour les grands travaux qui leur sont préparés. Monseigneur nous dit que les yeux de tous les évêques d'Orient sont fixés sur le nouveau monastère du Bon-Pasteur, lequel, dès sa naissance, marche déjà à pas de géant ; par un grand bienfait et une assistance particulière de la divine Providence il a fait plus de progrès que nous ne l'eussions pu imaginer.

Notre saint prélat est comblé de joie et de consolation ; il lit avec avidité nos saintes constitutions, que sa Grandeur trouve admirables et toutes basées sur le saint Evangile. Il ne cesse de remercier notre Seigneur de lui avoir envoyé notre saint Ordre, et nous écrit souvent les lettres les plus paternelles. Sa Grandeur a beaucoup de rapport avec Mgr Montault pour le jugement et la bonne administration, et sa jeunesse lui donne une grande activité. Chaque jour, nous recevons sa visite accompagnée de présents. Il s'est fait donner tous nos noms et prénoms, et fait tirer par son peintre le portrait de notre mère Prieure, voulant conserver dans sa salle de sinode celui de toutes les supérieures qui gouverneront ce monastère, auquel il met la plus haute importance.

Nous n'avons pas manqué de montrer à Sa Grandeur le portrait chéri de notre tendre et unique Mère, première fondatrice et supérieure générale. Sa Grandeur n'a pas voulu nous priver de l'unique exemplaire que nous ayions, mais elle compte écrire à Angers pour prier qu'on lui en donne un autre. Il aime à entendre parler de sa charité, et de notre chère Maison-Mère, qu'il regarde comme un prodige de la miséricorde de Dieu. Ce saint prélat qui est légat apostolique du Saint-Siége, conserve toujours l'humble habit de Saint-François, et habite sa cellule au couvent de Terre-Sainte n'ayant qu'un frère convers pour le servir. Il est obligé de louer son palais épiscopal pour pouvoir subvenir à beaucoup de saintes entreprises qui excédent ses faibles ressources. C'est le premier évêque qui ait été envoyé en Egypte. Il avait été auparavant, 12 ans, gardien du couvent de Terre-Sainte, à Jérusalem. Bientôt il doit retourner à Alexandrie, où Sa Grandeur passera tout l'été ; mais elle nous garde la plus grande place dans son cœur.

Votre charité causerait une grande satisfaction à Sa Grandeur, si vous pouviez lui envoyer deux Italiennes, car d'ici un an nos sœurs ne pourront cathéchiser les enfants en cette langue.

Nous venons de faire connaître nos prospectus. Oh ! combien nous devons à nos généreux souscripteurs de France et d'ailleurs, qui se sont montrés si pleins de zèle pour notre œuvre ! Deux maisons de notre Ordre ne suffiront pas pour recevoir toutes les pauvres brebis qui demandent l'entrée du bercail du Bon-Pasteur ; et c'est bien le moment, ma Mère, de faire un nouvel appel à nos sœurs, pour qu'elles nous viennent en aide, et à nos zélés coopérateurs, pour qu'ils achèvent ce que leur piété a commencé à édifier. Oh ! que de bien à faire, que d'âmes toutes préparées à recevoir le salut !

Nous avons un grand désir d'être saintes, pour coopérer aux grands desseins de Dieu sur l'OEuvre d'Egypte, qui est comme une grande lumière posée sur un chandelier à la vue de toute la terre. Le cardinal Fransoni vient de nous écrire au nom de la cour romaine pour nous encourager dans les travaux de cette mission, et nous déclarer le désir qu'a notre Mère la sainte Eglise de voir cette œuvre prendre un grand développement. Nos chères sœurs italiennes, qui viendront, s'appliqueront avec nous à l'étude de l'arabe qui est si nécessaire. Le peu de leçons que nous avons prises à la Maison-Mère nous

ont beaucoup servi, car cette langue est extrêmement difficile, et nous avons peu temps à l'étudier.
Je me recommande à vos prières, ma très digne
Mère-Générale, et à celles de nos chères sœurs d'Angers à qui cette fondation appartient par tous les
titres, afin d'obtenir la science infuse nécessaire en
cette circonstance.

M. le consul de Sardaigne ne cesse de nous combler des marques de son dévouement, selon les ordres qu'il en a reçus du digne ministre qui nous
protége et nous fait protéger de plus en plus par
son auguste et pieux maître le roi de Sardaigne.

Nous regrettons de ne pouvoir donner aujour-
d'hui à nos bien aimées sœurs, la description du
grand et vaste local que la divine Providence avait
préparé à notre saint institut au Caire, mais monseigneur attend notre lettre que Sa Grandeur
veut envoyer avec la sienne. Nous ne manquerons
pas de donner bientôt des détails dignes de récom-
penser le zèle de leurs charités ainsi que celui de
nos généreux souscripteurs.

Votre très humble, etc.

Notre établissement sera ouvert le 1er février.
Nous recommandons l'œuvre de Dieu à vos pieuses
et ferventes prières.

D. N. M. du Caire, 22 janvier 1846.

Toute la beauté de la fille du roi vient de son intérieur !

Nos très honorées et éternellement aimées sœurs,

A notre chère maison d'Angers, notre mère et notre modèle, peuvent s'appliquer bien parfaitement ces paroles! Et nous, ses enfans, envoyées par elle fonder une œuvre qui est un fruit de prières, de zèle, de miséricorde et de sacrifices, nous nous efforçons, au milieu de nos travaux, d'imiter tant d'exemples de dévouement dont nous avons été les témoins, en nous sacrifiant tout entières à la mission que vous avez daigné nous confier.

La divine Providence agit pour nous d'une manière qui remplit d'admiration même les infidèles. Le vice-roi, le pacha, les beys et tout le peuple nous comblent de marques de bienveillance. Leur respect pour notre sainte religion et pour les religieuses, et leur docilité donnent tout lieu d'espérer qu'ils ne sont pas éloignés du royaume de Dieu. Un collége vient d'être fondé par le zèle de Mgr Guasco, pour les jeunes garçons arabes, et deux des RR. PP. de terre sainte se sont chargés de leur instruction. Les travaux de notre église seront achevés à la fin de ce mois, et le 2 février, jour de la Purification, monseigneur en fera la bénédiction solennelle. Un discours sera prononcé au sujet de notre œuvre, et une congrégation en l'honneur de la très sainte Vierge y sera établie pour les femmes. Nous recommandons à vos bonnes prières ce projet si nécessaire à la conversion des âmes, ainsi que nos études pour l'intelligence de la langue arabe, qui est autant indispensable que difficile. Nous avons déjà des esclaves abyssiniennes, âgées de plus de vingt ans, remplies d'esprit et de bonne volonté. Leur ignorance retarde seule leur baptême. En vous écrivant, nous apprenons les prières à l'une d'elles. Elle témoigne un étonnement mêlé d'admiration, en apprenant les mystères d'amour de notre rédemption. Elle oublie de prendre sa nourriture, tant elle en est pénétrée. Monseigneur, qui a été témoin de sa simplicité et de sa ferveur en baisant les plaies de notre divin sauveur et faisant des colloques avec notre crucifix, en versa des larmes de tendresse. La maison que le divin pasteur nous avait préparée, pourra en contenir deux cents, et elle ne tardera pas à être remplie, aussitôt que nous aurons trouvé une branche d'industrie qui puisse nous procurer le moyen de pourvoir à leurs besoins.

Nous devons à votre charité la description de votre cher monastère du Caire, qui vous appartient à tant de titres, ainsi qu'aux dignes bienfaiteurs et amis de notre chère congrégation.

La maison que nous venons d'acheter appartenait au premier gouverneur de la ville, nommé Boghos-Bey, lequel mourut peu de temps après qu'il eut achevé de la bâtir; elle lui avait coûté plus de cent mille francs, et ne fut que très peu de temps habitée. Elle est située dans le quartier européen, au centre du Caire, et bâtie sur le modèle des palais des princes orientaux. Près du premier portail d'entrée sont les chambres du portier, où nous avons placé un jeune Arabe de la Barbarie qui nous sert de janissaire et de commissionnaire. Il couche aussi à la première porte, enveloppé dans son manteau, à cause des voleurs. Nous avons aussi pour tourière une Arabe convertie, qui demeure dans le dedans, laquelle est, non-seulement très sure, mais encore très religieuse et fervente. Près de la seconde porte de clôture, est une barrière qui doit se fermer dans les temps de peste, afin d'empêcher les étrangers d'approcher de la maison.

La cour qui est devant l'église extérieure est très vaste et pavée de marbre brut. L'église a 20 mètres de longueur sur 10 de largeur; mais elle n'a encore que le grand-autel, que monseigneur, qui est d'une bonté rare pour nous, vient d'ôter de sa chapelle pour nous le donner. Nous y avons mis le tableau de la sainte famille, qui nous est bien précieux, car on ne trouve ici ni tableaux, ni statues de saints. Combien nous désirons le groupe de Notre-Dame des sept douleurs, que M. Dubucois nous avait promis : l'autel de la très sainte Vierge est préparé, et nous n'avons aucune image de cette tendre mère à y placer. Les deux sacristies extérieures sont très grandes et très belles; nous n'avons pu également y placer aucune image de piété. Notre chœur est plus heureux: il possède le tableau de sainte Geneviève, qu'un saint évêque irlandais nous donna à Livourne. Notre

grille est à la règle, ainsi que notre communicatoire.
Douze stalles attendent nos chères sœurs que la sainte obéissance enverra partager nos travaux. Le
chœur est long de dix mètres et large de huit. L'a-
vant-chœur est un peu étroit, ainsi que la tribune de
nos enfans, pour lesquelles il nous faudra bientôt
bâtir un vaste chœur.

Le bâtiment est exploité par trois escaliers. Le
principal est tout en marbre blanc et couronné
d'un grand vestibule aussi en marbre. Autour de
ce vestibule, sont 14 grands appartements de plein
pied et très bien distribués. Toutes les croisées, qui
ont, pour la plupart, 10 pieds de hauteur, donnent sur
la grande cour d'entrée : aucune n'a vue sur la rue ;
elles sont peintes à l'huile, ainsi que les portes et le
plafond des chambres qui est boisé, peint de diverses
couleurs et extrêmement élevé. Au milieu, sont deux
ventilatoires élevés de cinquante pieds et vitrés, lesquels s'ouvrent pendant l'été et reçoivent le vent du
Nord qui communique de la fraîcheur à toute la maison. Le vestibule ou cloître a la forme d'un fer à
cheval ; dans l'un des bouts est une vaste salle qui
pourra servir de classe à 200 négresses. Les murs
sont ornés de peintures magnifiques, qui semblent
attendre l'image de la très sainte Vierge. Plusieurs
appartements de ce premier étage sont garnis de gar-
de-robes, de placards très propres, etc. La cuisine est
très grande, ainsi que notre salle de communauté,
la chambre de notre chère prieure et celle de nos
sœurs, qui sont très éloignées et tout-à-fait séparées
des appartements destinés aux enfants. Au second étage, sont 4 grands dortoirs au milieu desquels sont une

cellule pour la maîtresse et 6 chambres de réserve; on y voit les mêmes peintures et la même propreté qu'au premier; il y a une chambre de bains, avec une baignoire en marbre, une fontaine et un bassin semblable qui sert de *lavabo* à nos enfants.

Deux terrasses immenses couvrent toute la maison: on peut s'y promener comme dans un jardin, sans être vues, les murs qui entourent la maison ayant dix pieds de hauteur. Outre la grande cour d'entrée, il y a deux autres cours, dont l'une nous servira de jardin, jusqu'à ce que nous puissions en avoir un plus grand et plus aéré. L'on nous fait espérer pouvoir obtenir du vice-roi un terrain qui nous touche et qui appartient à une mosquée. Dans l'une de nos cours est un palmier qui porte des dattes en abondance, et qui monte à perte de vue jusqu'au haut de notre terrasse. Les feuilles ont dix pieds de largeur. Nous avons un chameau qui nous apporte chaque jour l'eau du Nil: celle de nos deux puits n'est pas bonne à boire ni à laver le linge, ce qui nous occasionne une grande dépense. Au rez-de-chaussée sont encore quatre chambres, qui serviront de parloirs et de demeure aux tourières, lorsque nous pourrons mettre la clôture. Nos santés se soutiennent: l'on ne souffre aucunement de la chaleur; la température est celle du mois de mai en France. La nourriture est à peu près la même: du riz, des fèves vertes, des tomates, des porreaux, des oignons, des œufs, du mouton sont les choses les plus communes. Il y a aussi beaucoup de salade, des oranges grosses comme des petits melons et des citrons doux comme le miel. Demain, nous serons obligées de dîner chez le premier ministre du vice-roi, qui est chrétien : nous espérons en obtenir une faveur que nous sollicitons. Après-demain , nous irons avec monseigneur voir les pyramides et le tombeau de Pharaon. Ce digne prélat désire que nous fassions ces petites excursions avant d'établir la clôture. La prochaine fois, nous vous ferons la description de ce dîner et des pyramides. Nous vous préparons une corbeille d'antiquités de l'Egypte que nous vous enverrons bientôt. Nous joignons à cette lettre, en attendant, de la poussière de la Maison de la sainte famille. Jamais nous ne nous mettons en prières, sans unir nos cœurs aux sacrés cœurs de Jésus, de Marie et de Joseph : lorsque nous nous mettons à table, nous pensons aux repas qu'ils prenaient si près du lieu où nous habitons; nous pensons encore à eux avant de prendre notre repos. Nos enfants ont aussi une grande dévotion à la sainte famille : c'est dans cette union que nous avons l'honneur de nous dire, avec une affection toujours croissante,

Nos très honorées et bien aimées sœurs,

Vos très humbles et indignes sœurs et servantes,

Les Sœurs de la communauté de Notre-Dame de Charité du Bon-Pasteur du Caire.

P. S. Bientôt, nos très chères Sœurs, vous serez appelées à Jérusalem , à Alep, dans toute la Haute-Egypte et en Abyssinie. Plusieurs personnes de considération travaillent à cet effet, et les Pères de la Terre-Sainte le désirent ardemment.

Nous avons sans cesse présents devant Dieu, nos

bienfaiteurs, et toutes vos charités. Nous offrons nos profonds respects à M. notre supérieur, et nous prions nos petits journaux de cordialiser tous nos Monastères.

DIEU SOIT BÉNI !

Mgr l'évêque de Fez a bien voulu adresser lui-même à Madame la supérieure du Bon-Pasteur d'Angers, une lettre dans laquelle il exprime toute la joie que lui cause l'arrivée de ses religieuses. On le reconnaîtra tel que nous le dépeignent les lettres précédentes ; nous ne saurions priver nos lecteurs de cette touchante effusion d'un cœur vraiment paternel.

Révérende Mère Supérieure Générale,

Avant tout, je dois commencer par exprimer mes véritables et sincères remercîments à votre Révérence qui sait si bien correspondre aux saintes inspirations de Dieu, en établissant une maison de son ordre au Caire. Je connaissais depuis longtemps le besoin que le Caire avait d'un institut religieux pour les personnes du sexe. Votre Révérence, en d'autres lieux, montrant tout son zèle pour ses religieuses, a fait que la Providence fût plus visiblement connue et adorée dans ses admirables desseins. Sans doute, votre Révérence aura appris déjà l'acquisition que nous avons faite, ces jours-ci, d'une maison voisine de l'é-

glise paroissiale de terre sainte, composée de trente-
deux chambres, huit escaliers, trois puits d'eau sa-
lée, mais bonne pour les besoins de la maison. Nous
manquons d'un jardin, mais la providence qui nous
a favorisé dans l'achat de la maison, verra encore à
le faire en son temps pour le jardin: nous avons eu
effectivement pour 50,000 francs une maison que
nous n'eussions pas bâtie avec 130,000. Qui sait,
alors, quand on eût pu avoir le bonheur d'ouvrir nos
classes, si importantes pour le nouvel établissement?
Enfin, doublement nous devons remercier la divine
Providence. Vos religieuses, que déjà j'ai acceptées
pour mes filles, vous écrivent plus en détail sur les
particularités de la maison.

Combien de difficultés j'ai eues à surmonter! Il me
reste encore une différence de deux mille francs pour
être à couvert de toute opposition. Du reste, nous
devons chercher à ouvrir l'établissement avec le plus
de pompe et d'avantages possibles; la langue anglaise
est nécessaire pour cela, ainsi que la musique. A cet
effet, je prie votre Révérence, si tel est son bon plaisir, d'envoyer encore quatre dames, une pour le
piano, une pour l'anglais et deux Italiennes.

Il est bien entendu que les nouvelles dames devront
suivre la même route que les premières, et passer
par Turin: elles y prendront un passeport sarde,
puisque la première expédition fut si heureusement
exécutée par cette voie.

Si ces dames ne pouvaient absolument pas être ici
au mois d'avril, époque à laquelle commence la chaleur, il serait mieux d'attendre la fin des mois de mai
ou de juin. Si elles arrivent à Alexandrie avant Pâ-

ques, elles seront reçues par mes co-religionnaires de terre sainte, comme les premières; si elles n'arrivent que dans le mois de juin, j'aurai le plaisir de les recevoir moi-même à Alexandrie, où je serai pour solenniser la sainte Pâque. J'y resterai jusqu'au mois d'octobre, s'il plaît à Dieu.

Je veux maintenant vous exprimer en particulier le contentement que j'éprouve d'avoir près de moi mes chères filles du Bon-Pasteur. Je n'ai pas de termes pour m'exprimer; seulement je vous dirai que j'ai dû me faire continuellement violence pendant huit jours pour retenir mes larmes. Toute la population, catholiques, hérétiques, ainsi que les musulmans admirent cette œuvre et la regardent comme un trait de la miséricorde divine. Tous bénissent votre Révérence pour avoir pensé à fonder au Caire cet établissement, auquel Dieu réserve, sans doute, une longue série d'années remplies de toutes sortes de consolations spirituelles. Uni à cette nombreuse population, je prévois, dès à présent, le bien et la prospérité qu'il apportera au pays.

Dans l'espoir d'avoir toujours d'aussi consolantes nouvelles à vous donner, je vous bénis en Notre Seigneur.

Je me confirme avec l'estime la plus distinguée de votre Révérence,

† Perpetuo GUASCO,

Evêque de Fez, Vicaire délégué apostolique d'Egypte.

Caire, 16 janvier 1846.

Le monastère des Dames du Bon-Pasteur d'Angers a obtenu, en faveur de l'œuvre des négresses, la permission de célébrer le mois de Marie avec toute la solennité possible. En conséquence, le premier et le dernier jour du mois de Mai, il y aura Messe en musique et Sermon, dans la chapelle. Pendant tout le mois, chaque jour, à huit heures du matin, une Messe sera dite, et le soir, à sept heures et demie, un Salut sera célébré à l'intention des personnes qui auront contribué, en quelque manière, à l'établissement des Dames du Bon-Pasteur au Grand-Caire.

Il y a dans la chapelle du Bon-Pasteur d'Angers, un tronc spécial destiné à l'œuvre d'Egypte. Ces Dames recevront d'ailleurs, avec une humble reconnaissance, la moindre offrande qu'on voudrait bien leur faire pour y concourir.

Nous n'avons pas besoin de rappeler que, moyennant un don de 25 à 30 fr., on paie le prix du rachat d'une jeune esclave, à laquelle on procure ainsi, sans en être chargé en aucune manière, la liberté et le ciel.